부모님 전 상서

김생수 제4시집

정문사

부모님 전 상서

발행일 2023. 5. 8.
지은이 김생수

펴낸곳 인쇄출판 정문사
출판등록 제1998-000001호
주소 충북 충주시 교동1길 15-22(교현동)
전화 (043) 847-9201
팩스 (043) 847-9221
이메일 jmpr9201@hanmail.net

ⓒ 2023. 김생수

ISBN 979-11-93053-00-3 03810

※ 이 책의 저작권은 저자에게 있습니다. 서면에 의한 저자의 허락없이
   내용의 일부를 인용하거나 발췌하는 것을 금합니다.
※ 책값은 뒤표지에 있습니다.
※ 이 책은 충주시, 충주중원문화재단의 후원으로 발간되었습니다.

부모님 전 상서

이로써 부모님을
영영 보내드린다

다시는 작별하는 운명으로는
세상에 오지 않기를

아버지가 되어 갈수록
아버지가 그립다
어머니가 그립다

김생수 제4시집
부모님 전 상서

제1부 **어머니**

13	어머니 1 - 고종명
15	어머니 2 - 햇살
16	어머니 3 - 백설기
17	어머니 4 - 참빗, 참 빛
18	어머니 5 - 하늘의 모종
19	어머니 6 - 수수떡
20	어머니 7 - 검버섯
21	어머니 8 - 백로
23	어머니 9 - 옆구리
24	어머니 10 - 기도
25	어머니 11 - 종교
26	어머니 12 - 영원의 일
27	어머니 13 - 끼니
28	어머니 14 - 껍질과 껍데기

29	어머니 15 - 첫꽃, 깨꽃
30	어머니 16 - 질화로 겨울
32	어머니 17 - 열무
33	어머니 18 - 술빵
34	어머니 19 - 이, 겨울
35	어머니 20 - 예언, 운명적
37	어머니 21 - 속울음
38	어머니 22 - 굶주림
39	어머니 23 - 손
41	어머니 24 - 노인과 바다
42	어머니 25 - 죽, 당원 물
43	어머니 26 - 본래의 자리
44	어머니 27 - 조카의 발길
46	어머니 28 - 월세
47	어머니 29 - 몸의 말
48	어머니 30 - 마지막 저녁
49	어머니 31 - 기다림
50	어머니 32 - 후회
51	어머니 33 - 걱정
52	어머니 34 - 볕
54	어머니 35 - 기도

56	어머니 36 - 제누리
57	어머니 37 - 3살
58	어머니 38 - 동기감응
59	어머니 39 - 장날 나들이
61	어머니 40 - 여름
63	어머니 41 - 참회
64	어머니 42 - 그 새벽
66	어머니 43 - 계단
67	어머니 44 - 용돈
68	어머니 45 - 제비집
69	어머니 46 - 여름, 오후 3시

제2부 아버지

73	아버지 1 - 관절
74	아버지 2 - 겨울 땔감
75	아버지 3 - 기억
76	아버지 4 - 유언
77	아버지 5 - 마지막 대문
78	아버지 6 - 화장

80	아버지 7 - 귀납적 예언
81	아버지 8 - 모습
82	아버지 9 - 시원소주
84	아버지 10 - 미풍양속, 품앗이
85	아버지 11 - 쇠도리깨
86	아버지 12 - 하늘의 붓
88	아버지 13 - 기침소리
90	아버지 14 - 호롱불
91	아버지 15 - 효자손
93	아버지 16 - 숨소리
95	아버지 17 - 여름, 7시의 저녁 하늘
96	아버지 18 - 스쳐 살다
97	아버지 19 - 벼 이삭에 영그는 세월
99	아버지 20 - 코스모스와 메뚜기
100	아버지 21 - 19세기
102	아버지 22 - 아버지의 아버지
104	아버지 23 - 기억, 망각
106	아버지 24 - 제사
107	아버지 25 - 제사, 음식
110	아버지 26 - 코로나19 마스크
111	아버지 27 - 황소

제3부 지나가다

- 115 샘밭, 유정임
- 116 봄, 서정
- 117 지나가다
- 118 돌
- 119 돈오頓悟 1 - 경전經典
- 120 사람의 그늘
- 122 가을, 저녁 불빛
- 123 멕시칸 치킨 아줌마
- 124 새벽여자
- 125 눈물
- 127 학생부군신위
- 128 발작 1
- 129 발작 2
- 130 하늘 지붕
- 131 뒤란
- 133 계절의 아침
- 134 새우젓 여자
- 135 벚꽃 봄날
- 136 신의 등불

138 햇살복음
139 이끼
140 참꽃
141 배웅
142 화암사花岩寺 - 꽃바위에 앉은 바람
143 가을의 명당
144 산 너머 산
145 정점, 그 자리
146 인생 수능
148 길 위에서 지워지다

151 자연自然과 영원永遠에 바치는 헌사獻辭
  - 시인 정찬교

제1부

어머니

세상의 모든 어머니는 자연이다

어머니 1
- 고종명

따뜻한 봄날이었지요
어머니 따라 문상 간 두메산골 할머니 댁
논둑길에 뱀딸기 불긋불긋 지천 피어 있었지요

돌아가신 할머니
볕 좋은 봄날 오후
꾀꼬리 노래하는 냇가에 나가 머리 말쑥하게 감으셨단다
흰 코고무신도 반짝반짝 닦아 댓돌 위에 세워 놓으시고
한복 저고리 올곱게 차려입으시고 단장하셨단다

할머니
뽀송뽀송 빨은 요 안방에 정갈하게 깔아 누우셨단다
그리고는 눈 감으시고 잠에 드셨단다
고요히 고요히 영원한 잠에 드셨단다
들에 꾀꼬리 종다리 봄새들은 연신 세월을 지저귀고

얼마나 고우셨으면, 곱게 살으셨으면
낮잠 한숨에 영원에 들으셨겠니
아름다운 새가 되어 저쪽 나라로 가셨겠니

불알 흔들며 냇가에 뛰놀던 시절
쫄랑쫄랑 어머니 따라 문상 갔던 시골 할머니 댁
귓가에 나지막이 들려주던 어머니 말씀
흰머리 잔주름의 귓가에 지금도 은은합니다

어머니 2
 - 햇살

아득히 떠돌다 돌아온 일요일 아침
대폿집 고삐 풀린 뽕짝 햇살에 앉아
이 목숨 저 목숨 기웃거리다가
언덕 너머에 아득한 징검다리 사랑도
거리에 둥둥 떠가는 늙은 여자의 뒤뜰도
이리저리 살펴보다가
지난 겨울 얼어 죽었다던 털북숭이
그 여름 외투도 입어보다가
그래!
모두들 제 목숨껏 흐느끼다 가는 게지 하다가

추수 끝난 텅 빈 고구마밭 이삭 줍던 엄마 생각에
붉은 햇살 묻어나오는 엄마 생각에
막걸리 두 사발 연거푸 들이켜고선
밑도 끝도 없이 떠나간
지난 연말에 떠나간 긴 발자국을 따라가면서
가여운 것이!
그 가여운 것이 하였네

어머니 3
- 백설기

어느 잊힌 세월의 자취인가
고향 다녀온 아이들의 보따리를 끄르니
어머니께서 아득한 옛 설을 하얗게 빚어 보냈다

며칠 본 아이들의 눈빛에서 문득
유년의 허기를 읽었을까
고향 언덕에 눈발 같은
어머니 호호백발 펄펄 날린다

아침 밥상에
어머니 거룩한 세월을 쪄 놓고
연기처럼 풀어지는 가난을 다듬으며
어머니 젖가슴 만지작이듯
뽀얗게 젖어 드는 그리움들을 솔솔 풀어 먹는다

풀풀 날리는 고향의 눈발
뒤꼍에 장작 패는 아버지 기침 소리
허옇게 날린다

어머니 4
- 참빗, 참 빛

시장통에서 5,000원에 네 마리나 주는 가자미를 사 왔다
끓일까 조릴까 하다 소금 뿌려 구웠다

가자미 살을 발라 탁배기 안주로 게슴츠레 먹었다
또다시 세상은 석양에 빗겨 취하고

가자미는 뼈만 남아 옛날 엄마 참빗이 되었다
빗살도 고운 엄마 참 빛이 되었다

무엇을 곱게 빗으라는 걸까 뼈들은
무엇을 잘 빗으라는 걸까 뼈들은

좌로 우로 가지런히 날 선 뼈들의 빛이
햇살 같기도, 엄마 같기도 하다

어머니 5
 - 하늘의 모종

어머니의 날들인가, 눈이 내린다
구름밭에서
당신의 모습을 심은 하늘의 씨앗,

다른 모양을 틔우면
사람으로 살 수 없을 거야

아버지의 일들인가, 눈발 날린다
구름밭에서
영원의 빛으로 가꾼 하늘의 싹,

다른 세계가 보이면
인간으로 죽을 수 없을 거야

어머니 6
 - 수수떡

열 살까지 생일날 수수떡 먹으면 복 받는다고

그때, 어머니
열 살 수수떡 마지막 해주던
그때,
호야불 밑에 달빛도 같던 어머니

그때,
열 살 수수떡 마지막으로 먹던
온통 달빛 같던
내 목숨의 빛들

그때,
복 받으라고 열 살 수수떡 마지막 빚어주던
그때, 생일날
평생토록 먹을 줄로만 알았던
어머니 열 살 수수떡

어머니 7
- 검버섯

세월에 잘 조준된 태양이
숙명의 햇살을 쏟다

어느 것 하나 놓치지 않고
남김없이 삶을 맞춘다

찰진 봄날 나부껴 가고
검은 꽃들이 피어난다

젓가락 숟가락에 생애를 떠먹는다
살과 뼈들이 끼니마다 식는다

바람과 자유, 노래들이 아프다
펜과 백지에 통증이 온다

어머니 8
- 백로

아침 창가에서 엄마가 젖는다
'빨리 가지도 않고' 젖은 빨래처럼 엄마가 젖는다
십 년 남은 세기의 생이 이슬처럼 맺혀 있다
엄마가 검불같이 모로 눕는다

가지도 아프고, 잎도 아프고, 공기도 아프고,
살아 온 햇살들 바람들 눈보라 빗줄기 다 아프다고
'안 아프다 갔으면 좋겠는데' 엄마가 벽 쪽으로 돌아 눕는다

기어코 살아 낸 아침의 날, 저녁의 날, 어둠의 날들
한순간도 놓지 않던 호밋자루 괭이자루 배추 씨앗 열무 씨앗
한 발자욱도 놀지 않던 복숭아 다라 두부 다라 열무 다라 번개시장

개울 건너 먼 데 마을 닭 울음소리처럼 엄마는 점점 아득해지는데
엄마 젖은 숨소리 어쩔 줄 모르고 가슴에 출렁거리는데

풀잎 이슬조차도 반짝이는 햇살이라고
고향 새들은 전깃줄에 앉아 자꾸만 세월을 까불고 있네

2018.9.6.

어머니 9
- 옆구리

새벽
부엌에 양념 다지는 도마 소리에
펄펄 끓어
구수하게 풍겨 오던 미역국 냄새
속옷 화로에 따뜻하게 쬐어
입혀 주시던 겨울날들

이 어둠의 밖에
무슨 수런거리는 소리들 있어
옆구리가 시리다
이 깊은 어둠의 곳에 들은 것은
언제나 혼자이므로
옆구리가 시리다
자꾸만 옆구리가 시리다

어머니 10
- 기도

베란다에 아기 빨래를 너는 눈부신 손길이 있었다
진달래 피고 찔레꽃 아까시꽃 필 때면
아픈 배를 쓰다듬어 주던 주름진 손길이 있었다

잎들은, 새들은 보이지 않는 바람에
간절하게 날며 손을 모은다
짹짹거리는 새끼들 입에 먹이를 넣어주는 어미 새,
장바닥에 풋나물 한 바구니를 놓고 바위처럼 앉았는 할머니,
허공에 한 점 숨김없이 색색의 모습을 드러내는 꽃 몽오리들,
어둠에 다 내주고 영영 사라지는 초 한 자루,

봄 햇살이 내려와 세상의 등을 어루만져 주고 있다
고등어에 소금을 치고 된장찌개에 풋고추를 썰어 넣는
열 살 되도록 생일 수수떡을 해주던
새벽마다 들려오던 어머니 도마 위 칼 소리는
하늘 문을 여는 기도였다

어머니 11
 - 종교

나는 종교가 아직이지마는
만약에 엄마교가 있다면
광신도가 되리라

아침마다 푸른 목소리로 매달려
엄마 엄마 젖을 빨 것이다

저녁마다 아기가 되어
엄마 젖무덤에 잠들며
참말로 신을 만나는 것이다

어머니 12
 - 영원의 일

꽃은 빛깔과 향기로 시간의 일을 다하고
새는 지저귀는 노래로 시간의 일을 다하고

강물은 흘러가는 것으로 세월의 일을 다하고
바람은 불어가는 것으로 세월의 일을 다하고

돌은 침묵하는 것으로 영원의 일을 다하고
이슬도 침묵하는 것으로 영원의 일을 다하고

세상의 어린 이름들을 부르며
어머니 영원이다

어머니 13
 - 끼니

된장, 김치, 감자볶음, 오징어젓, 마늘쫑
엄마 혼자 앉은 식탁 위에
나란히 나란히 사이좋게 앉아 있다

뼈와 살들의 심술을 달랜 후
반찬 뚜껑들을 외로이 외로이 홀로 닫는다

혼자 먹는 밥
혼자 저무는 저녁
여기까지 오느라고 그렇게 눈이 오고 비가 내렸던가

서녘 하늘 붉은 해 지고
먼저들 먹어라
어머니는 늘 맨 나중에 혼자 끼니를 때웠다

어머니 14
- 껍질과 껍데기

사과는 껍질이 있다
배도 껍질이 있다
수박도 참외도 껍질이 있다

골뱅이는 껍데기가 있다
소라도 껍데기가 있다
조개도 고둥도 껍데기가 있다

더덕에도 인삼에도 산삼에도
꽃게에도 홍게에도 대게에도
껍질이 있다 껍데기가 있다
꿀을 간직하고 알맹이를 보호하는

다 떠나보내고 텅 빈 허공으로 남는
껍질과 껍데기가 있어
세상이 온전하다

어머니 15
 - 첫꽃, 깨꽃

세상이 무엇인지 세월이 무엇인지
아장아장 아이가 놀고 있었다

세상에 나와 처음 본 꽃
엄마는 하얀 꽃 깨밭을 매고
물잠자리 깜장 날개 아래로
메기수염 같은 개울이 흘렀다

고향이 되느라고
산에 들에 하늘에 온통 푸른 물 드는 것들
솟고 둥글고 반짝이는 것들

바람이 무엇인지 구름이 무엇인지
냇가에 해오라기 한 마리 비를 맞으며
한사코 맨발로 서 있었고

엉금엉금 깨밭에서 놀던
막내는 냇물 위에 배처럼 둥둥 떠 있었다

어머니 16
- 질화로 겨울

기억합니다
화로 옆구리에 금이 가면 어머니는 반창고를 덕지덕지 붙였지요
그 반창고가 다시 누렇게 타고
부삽으로 떠 온 불씨에 된장찌개가 끓었지요

부뚜막에서는 동화 같은 김이 모락모락 피어오르고
어머니는 잘 익은 나무들의 잉걸불로 화로에 겨울꽃을 피웠고
할아버지는 화로에 쇠젓가락을 가로지르고 고등어뼈를 구웠지요
아버지는 검지 중지 약지 세 손가락으로
중지에 침을 발라 재를 묻혀 화롯가에서 요술을 부렸고요

기억납니다, 이 기억이 오늘을 살게 합니다
기억합니다, 이 기억이 장차 미래가 되게 합니다

문풍지가 떨고
화롯불에 이를 태워죽이던 소리 툭툭 들려옵니다

                                      2018.12.5.

어머니 17
 - 열무

들판과 바람과 햇살과 어울릴 줄 알았던 어머니는
이 푸른 맛이 어디에 있는 줄 알으셨다
자연 속으로 들어가 자연과 한데 섞여 자연이 되어서는
자연의 맛을 낼 줄을 아셨다

붉은 기억이 잔잔히 흐르는 저녁 한때의 이 푸른 맛,
머리로만 살아가는 어느 고급한 생활이 있어
시절이 화려하고 세속에 꼭 맞는 운명이 있대도
흙과 바람과 햇살 속에서 찾아낸 이 자연의 어머니 맛은
누구도 흉내 내지 못하지

열무 속에서 흙의 음성이 들려온다
그렇게 너를 가둬 놔서야
무슨 맛인들 낼 수 있겠니

2018.9.26.

어머니 18
- 술빵

 아버지 기분 좋게 취한 다음 날이면 엄마 술빵이 만들어졌다 남은 막걸리에 소다 등을 넣고 버무린 밀가루 반죽 양은다라를 아랫목에 군용담요로 덮어두면 엄마 젖처럼 부풀어 올라 이튿날 엄마가 만든 술빵 특식이 나왔다

 자식들 술빵 특식 주려고 어쩌면 일부러도 남겼을 아버지 막걸리, 동생들은 천장 긁는 쥐 소리에, 뜀박질하는 쥐 소리 듣다가 먼저 잠이 들고, 술빵 생각에 입맛을 다시며 나는 꿈속에 들었다 새콤달콤한 술빵 향내가 꿈속까지도 즐거웠다

 노릇노릇 부드럽고 달달한 엄마 술빵, 취한 듯 몽롱했던 아버지 막걸리 술빵, 먼 훗날 눈물의 보석이 된 엄마 술빵,
 눈가 이슬에 반짝거린다

2016.8.

어머니 19
- 이, 겨울

 사 남매 해진 양말 다 깁고 어머니 화롯가에 앉아 이를 잡으셨네
 비누에 빨아도 떨어지지 않은 이들을 속 내의 뒤집어 잡으셨네
 행여 근지러울까 겨드랑이께 두툼한 박음질 사이 떼로 붙은 서캐들을
 잘근잘근 깨물어 초토화시켰네

 매서운 겨울바람은 문풍지에서 작은북을 울리고, 서생원들은 지도가 그려진 천정에서 왔다 갔다 신나게 드럼을 쳤네
 밤송이 밤톨처럼 한 이불 속에 동생들은 꼬물락 꼬물락 발가락 장난을 치며 키득거리다 이내 잠이 들고, 아버지는 화롯가에서 동화책 그림 같은 담배 연기를 방 안 가득 풀어 놓으셨지
 벽에 반딧불같이 붙어 있는 등잔불 밑에서 아무런 근심도 헤어짐도 그리움도 없이 겨울밤은 깊어만 갔네

2018.10.20.

어머니 20
- 예언, 운명적

앙앙 우는 너를 막 때렸단다
먹을 거, 입을 거, 땔 거, 걱정 많던 시절
배고파 우는 줄 알면서도 안쓰러움이 화가 되어 뒤집기를 끝낸 너를 마구 때렸는데

지나가던 아주머니가 애기 울음소리를 듣고 들어와 그러더구나
"애를 왜 그렇게 때리느냐구 울음소리가 맑고 좋아 들어와 봤다구"
"아주머니 지금은 이렇게 가난하게 살아도 훗날엔 걱정 없이 살겠어요, 얘가 이담에 커서 돈도 좀 벌겠고 돈 벌어 효도할 애는 이 애뿐인 거 같은데, 얘를 때리지 말라구, 이름도 좀 얻을 거 같은데 얘를 좀 잘해 주라구"
"그런데 얘가 사모관대는 세 번이나 쓸 거 같구만"
그러더구나

비바람 불고 눈 날리고 구름 흘러 강물 흘러 세월은 한 갑자,

그러면서 그러더구나
"먼 훗날 내 얘기가 맞거든 이 여자를 생각해 달라구"

가시 많은 인고의 날들 꿈같이 환하게 살아내신 까닭,
몸뚱이는 소가 되고 팔다리는 쟁기 되어 살과 뼈들이 익어 간 듯,

구순의 생신날 아침 된장 냄새 피어오르는 밥상머리에서
어머니 햇살같이 빙그레 들려주시네

2018.11.4.

어머니 21
- 속울음

　고향 하늘에 검불 같은 어머니를 낮달처럼 걸어두고
돌아서는 발길,
　이러다가…… 이것이
　발걸음이 떨어지지 않아

　바리바리 싸준 김장 김치, 알타리 김치, 고추절임서껀
　가져갈 것 다 챙겼으면서도
　짐짓 뭐 잃은 것 없나, 빠뜨린 것 없나
　안방을 들어가 건성으로 다시 한번 두리번거린다

　깊은 산속 같은 엄마 얼굴을 한 번 더 본다

　속에서 붉고 뜨거운 것이 뭉클 솟는다
　가슴엣 것은 결코 보이고 들켜서는 안 되는 일

　허허벌판으로 흘러가는 한 줄기 외로운 엄마의 강
　아득히 사라져 간다

　세월의 젖은 어깨 위로 곧 눈발이 흩날리리라

2018.11.27.

어머니 22
- 굶주림

어머니 말씀, 기억이 춤춘다

다시는 못 만날 것처럼 살아라
흐름의 자리에 오늘을 새겨 놓고 강물 흘러간다

허리도, 어깨도, 다리도, 세월의 관절을 맘껏 즐겨라
허공의 자리에 구름 흘러간다

오늘은 오늘로써 다시 오지 않고
모든 것은 그날로 다 이별이다

그때는 없어서 못 먹고
지금은 아파서 못 먹는구나

주저 없이 머뭇거리지 말고 살아라
그날로 남김없이 기억하라

2019.1.

어머니 23
- 손

엄마한테서 처음 나오던 날
울었다

한 세상 잘 다녀 오겠습니다
한 평생 잘 살다 오겠습니다
울었다

엄마 손 잡고 처음 학교 가던 날
따따따 나팔 불며 입학했지

영원의 날들 눈썹과 눈썹 사이로 흐르고

엄마 손 잡고 처음 병원 입원하던 날
꽃 피는 날도 비 오는 날도 꽃 지는 날도 눈 오는 날도
울었다

한 세상 잘 다녀 왔는지요
한 평생 잘 살아 왔는지요
울었다

겨우겨우 살아 돌아와
어머니 아이처럼 뒤뚱뒤뚱 대문을 들어서네
이제 손 놔라
어머니 거미처럼 엉금엉금 계단을 오르네

                                            2019.2.1.

어머니 24
- 노인과 바다

창파에 빛나는 인생을 잡으려
세월의 바늘에 온갖 미끼를 꿰어

햇빛 강에
달빛 바다에
정신 없이 낚싯대를 드리웠네

걸려든 것은
구름 몇 조각
바람 몇 줄기
이슬 몇 방울

두고두고 읽어 보려고
안개에 담아 청산에 걸어두었는데

어머니 세월 굽이굽이 살펴보니
그마저 다 날아가고 옛 하늘만 분명하네

어머니 25
- 죽, 당원 물

홀 나이 시절 몇 해는 죽으로 근근이 살았다
김치를 풀어 끓인 멀건 죽으로 살과 뼈들이 자랐다
아이들과 정신없이 뛰어놀다 들어 온 저녁이면 정신없이 배가 고팠다
생각도 없이 사유도 없이 살과 뼈들은 아우성을 쳤다

"오늘은 끓일 저녁 끼니가 없구나"
어머니는 냉수 사발에 당원 몇 알을 으깨 풀어 주셨다
"빨리 커서 돈 벌어라"
뽀얗고 달달한 냉수 한 사발을 저녁상에 올려 주셨다
"이렇게 맨날 굶기면서 언제 커요"

헛배만 불러 마당에 나와 하늘을 보면
밤하늘 별들도 몽롱하여 빙빙 돌았다

구순의 생신날 아침 어머니 말씀
"옛날엔 없어서 못 먹고, 이제는 아파서 못 먹는구나"
바쁜 세월 죽을 새도 없이 흘러
이제는 더 클 것도 없다

어머니 26
- 본래의 자리

새벽 창문에 매달려 가랑잎 울고
어머니 삼생이 상영된다

태어나 생각이 점점 여물어 가면서
한 십여 년 여물어 갈 무렵 벌써 다 들었지
그때 이미 알고 있었지
그날이 오늘이다
그날은 지금이다

사랑을 생산하지 말라, 사람을 만들지 말라
세상을 본래의 고요에 두라
살과 뼈들의 사유를 저 영원의 침묵에 복귀시키라

희로애락의 장단을 모두 한 가지 빛이게 하라
최초의 어둠에 별이게 하라
생육의 균을 남김없이 박멸하라
사바의 바이러스를 모조리 멸종시키라

어머니 새벽어둠을 가르며 119에 업혀 가네

2019.3.3.

어머니 27
- 조카의 발길

실버 요양원 코로나 유리 장벽 너머 할머니 얼굴 보고
돌아서는 길
차마 차마 떨어지지 않는 발길

가다 돌아보고
돌아서 가다 또 돌아보고
할머니 얼굴 한 번 더 보고
돌아서 가다가 다시 돌아보고 돌아보고

무엇이 생각났니
옛날의 무슨 일들이 기억났니
메뚜기볶음이, 미꾸라지 매운탕이, 누깔사탕이, 뒷개울이, 눈썰매 미끄러지던 그 논이,

언제 또 볼 수 있을까
코로나 유리 장벽 너머 할머니 얼굴
멀어져 가는 할머니 얼굴
다시 볼 수 있을까

가물가물 할머니 모습
가다 돌아보고 가다가 돌아보고
손 흔들며 또 돌아보고
점 점 점 ---- 할머니 모습
또다시 한번
돌아보고 돌아보고

2020.5.23.

어머니 28
 - 월세

실버 요양원 어머니
삶도 아니고 죽음도 아닌 곳에서

삶을 간섭하자니
죽음이 뭐라 하고

죽음을 간섭하자니
삶이 또 뭐라고 그러네

이도 저도 다 놓아 버릴 것은 기억뿐인데

죽음도 아니고 삶도 아닌 곳에서
이승의 월세를 받겠다
보증금을 받겠다
어머니 이승의 세입자를 불러들이며
자꾸 전화를 하네, 자꾸 나를 들볶네

아픈 것은 죽음보다 삶인 것을
산 사람은 살게 하라

2020.9.29.

어머니 29
 - 몸의 말

내가 갈 때
이렇게 아플 줄은 몰랐네

엄마
아픈 엄마
우리

다시는
이 아픈 세상에 오지 말아요

사람의 목소리가 슬픈
추억들이나

사람의 눈빛이 슬픈
그리움 따위들

이제 다시는 만들지 말아요

2021.9.17.

어머니 30
 - 마지막 저녁

가시던 날
얼굴을 곱게 하시려고 저녁을 잘 드셨나요

어디에나 있고
어디에도 없는

어머니, 어머니는 눈물로 빚어진 이름

많이 울으리라
오래 앓으리라

빗속에 눈발 속에
생각이 멈출 때마다

세월이 끊어진 자리에서

비 오는 날 저녁에
눈 오는 날 저녁에

2021. 9. 13.

어머니 31
- 기다림

기다리지 않는다

오늘 해야지
내일 해야지
어머니는 기다려 주지 않는다

오늘 가야지
내일 가야지
어머니는 기다려 주지 않는다

기다려 있지 않는 어머니
매일 오늘이 그날이다
매일 오늘이 마지막 날이다

오늘이 후회하지 않는
마지막 그날이다

2021.9.24. 06:50

어머니 32
- 후회

죽어서
살았을 때를 후회 말고

살아서
죽음 뒤를 울라

살아 있을 때
죽었는 듯이

죽었을 때
살아 있었다면 살아 있었다면

그리 말고
통곡 말고

2021.9.15.

어머니 33
 - 걱정

엄마가 없어
아픈 엄마가 없어
걱정 없는 것이
걱정이네

아무리 슬퍼도
아무리 슬픈 걱정도

옛날의 모습 세상에 있어
세상에 오늘의 숨소리 있어

아침저녁
엄마 걱정도
아픈 엄마라도 얼마나 좋았나

그날그날이, 오늘오늘이
최초의 날
최고의 날
최후의 날

엄마 걱정

2021.10.4. 아침

어머니 34
- 볕

어머니 병원에서 나와 그랬지
내 손을 잡고 걸으며 그랬지
"봄볕이 참 좋구나"
"여기 볕 잘 드네, 마루에 좀 앉았다 가자"

어머니
오늘은 가을볕이 너무 좋아요
그곳에서는 무슨 빛들하고 사나요
무슨 볕들이 있나요
달빛 별빛 같은 것들도 있나요
어제 그제 그끄제
가을볕 가득 머리에 이고 가신 어머니

그곳에서도
햇살과 꽃들이 사람들을 어루만지면서
오늘과 내일을 쓰다듬으면서
잘 살아라
잘 살아라
그러나요

아프지 말고 아파하지 말고
아파하지 말고 아프지 말고

                                                      2020.3.20.

어머니 35
- 기도

엄마
그날 새벽에 119

아픈 세상 다시 오지 말자고
엄마
이제는 인간의 몸으로 오지 말자고
새벽 공기가 차가웠지

엄마, 잘 가
이제 엄마 우리
다시는 이 아픈 세상 오지 말아
다시는 작별하는 인연으로는 오지 말아

엄마
이제 아픈 데 어디 없지
병원에 안 가도 되지

엄마
나 이제 주일마다 교회 나가
옛날처럼 옛날처럼

그날처럼 그날처럼
엄마, 내 목소리, 내 기도 소리 들리지
엄마

                                                    2022.3.6.

어머니 36
- 제누리

삼베 보자기 덮어 머리에 이고 온
널찍한 양은 그릇에 내온 제누리 흰 국수

논두렁에 앉아 먹던 흰 국수는
봄볕에 춤추며 들꽃에 반짝이고

먼 훗날을 보았어
엄마 머리칼 같은 흰 국수의 그날을
오늘을 잊지 못할 거야, 잊지 못할 거야

푸릇푸릇 꼬부라져 돌아가는 논두렁에 앉아
먼먼 날 그리며 먹던 아버지 제누리 흰 국수

2021.11.11.

어머니 37
 - 3살

나를 마당에 강아지마냥 풀어놓고
엄마는 깨밭에 가셨다

닭똥 개똥을 핥으며
나는 땅만 보며 자랐다
부엌문 옆에 놓인 뜨물을 빨며
나는 흙을 만지며 자랐다

흙이 언젠가 나를 만지며 놀 것이다
내가 흙장난을 하던 흙이 있듯이

흙이 된 엄마 얼굴이 구름 사이에 언듯 보인다

2021.12.18.

어머니 38
- 동기감응

비가 새롭다

길가에 저 은행나무도 엄마 비를 맞았으리라

풀숲에 저 작은 꽃들도
하늘에 저 구름도
들녘에 저 바람도

내 눈길에 발길에
엄마 비를 뿌린다

비가 살아 있다

2021.10.18.

어머니 39
- 장날 나들이

엄마, 제 발걸음에 오세요
오늘은 봄바람이 살랑살랑 일어 장호원장으로 떠나요

언젠가 엄마
장날 동네 어귀까지 혼자 유모차 끌고
갔다 왔다고 뿌듯해하셨지요

엄마, 이 세상은 여전해요
사람들 발걸음은 바쁘고
장거리에서는 값을 외치며 변함없어요

하늘 구름 터진 사이로
파아란 엄마 얼굴이 보이는 듯 해요
이제 어디 아픈 데 없지요
아버지는 만나 여전히 핀잔 듣는지요

버스 창가로 내다본
빈 들녘 상공에
날갯짓 없는 중새 한 마리 높이 떠 있어요

저잣거리에는
오늘도 사는 이야기가 두런두런 정다워요
엄마, 이제 다시 아픈 세상 그리워하지 마세요

                                              2022.1.24.

어머니 40
- 여름

8월 늦더위 한 아름 이고 나가셨다
개울 건너 동네 산비알 과수원에서 뗀
엄마 얼굴인 듯 붉게 익은 복숭아 한 다라
머리에 이고 동네로 나가셨다

학교도 못 가고 배운 재주가 있어야 취직을 하지
나는 방안에서 빈둥빈둥 파리하고 놀았다

복숭아 다 못 팔고 엄마가 돌아오면 신이 났다
붉은 단물을 깨물어 먹으며 살과 뼈들이 춤을 추었다
영혼의 맨 꼭대기까지 즐거웠다

한 줌의 햇살도 허투루 쓰지 않은 어머니의 날들

아침 점심 저녁 왜 그렇게도 때꺼리는 서글펐는지
황혼녘 양재기에 당원물을 풀어 먹으며
아득히 저녁별을 쳐다보곤 하였다

지금도 세상에서 가장 무겁고 들기 힘든 것은
나의 밥숟갈.

2022.7.27.

어머니 41
 - 참회

내가 사는 세상의 모습은
세상에서 가장 무서운 것

오늘에 무서운 것은
이제 세상에 없는 것

홀로 걷는 눈물의 발걸음에
저기 저 천년오동은 죽도록 말이 없고
나뭇가지 새들도 눈길 한번 없네

어머니
그 모습 세상에 있었나
그 모습 세상에 없었나

허공의 햇살들이
데굴데굴 구르며 눈가에 하염없네

2022. 7.

어머니 42
- 그 새벽

  엄마 새벽에 끓인 겨울 미역국은 혀의 맛 중 잊을 수 없지
  교회 전도사님한테 과외공부 하러 다니던 그 새벽,
  하얀 새벽 눈송이도 졸졸 모퉁이를 돌아 따라나서곤 하였지

  김 모락모락 나는 부뚜막에서는 양념 다지는 엄마의 도마 소리,
  바알간 사 남매 살과 뼈를 다스리는 그 소리는 엄마의 기도 소리였지

  몇 년의 겨울이 어제인 듯, 그렇게 어느덧 졸업식 날
  엄마의 그 새벽 덕분에 나는 반에서 10등 안에 들어 우등생이 되었지

  엄마의 그 새벽, 부엌에 그릇 덜그럭거리는 소리,
  아득한 곳에 무슨 멜로디 같던 그 새벽의 엄마 도마 소리,
  새벽 높은 십자가 하늘 바라보며 언덕을 내려오는 발길에

예배당 종소리처럼 들려오는 그날들의 엄마 눈물 소리,

무엇을 살은 것인가
무엇을 알은 것인가

파란 새벽 날 선 바람 이마에 불어와
오리들 노는 풀잎 냇가를 지나며 홀로 눈물지네

2022.11.18.

어머니 43
- 계단

침 좀 맞아야겠다고 가는 한의원

어머니 손을 잡고 잃어버린 세월을 찾아 계단을 오른다
관절 너머로 사라진 세월,

어머니 그만 털썩 열 계단 위에서 주저앉아
세월을 놓는다

다시는 찾지 못하리라

나는 계단에 붙박여 어머니 꽃피는 봄날
아득한 계절들을 운다

어머니 44
- 용돈

엄마 농협 통장으로 돈이 들어왔다
살아 있어, 세상을 품에 안고 살았던
엄마가 농협 계좌에 살아 있어
보훈처에서 보훈의 숨결을 불어 넣은 것이구나
지지리도 찢어지던 시절
매달리며 보채던 용돈 한 푼, 하늘에서도 한이 되었나
엄마 농협 통장으로 하늘의 용돈이 들어왔네

통장에 돈 떨어지면 기운 떨어진다고
'엄마 돈 들어갑니다'
엄마 용돈 송금하던 봄날이 이태가 지났구나

조금만 기다리세요
돈 하나도 소용없는 날이 곧 올 거예요
그러면 그때 만나게 되겠지요

그때까지만 조금 참아요

2023.3.13.

어머니 45
- 제비집

제비집
엄마 세상에서 마지막 본 집

요양원에서 기어이 집으로 돌아온
마지막 그해 봄
빈집에 제비가 돌아왔다며 환하게 웃던 집

쟁기처럼 아버지 엎드려 살던 논배미
지푸라기 뻘흙서껀 물어다 지었을 제비집
해마다 하얀 똥 질펀히 깔아 놓으며
둥지에 알을 까고 새끼를 치던 집

새봄이 와
겨우내 제비 빈집에도 새봄이 와
제비들 다시 돌아와 재재발 그날을 지저귀네

엄마 누워있던 빈방에 재재발 지저귀네
그동안 무슨 일 있었냐는 듯 재재발 재재발 지저귀네

2023.3.22.

어머니 46
- 여름, 오후 3시

언제까지나 영원할 것도 같던 날들이었지요

대문 앞 길모퉁이 초등학교 담자락 아카시아 그늘에 여름이 오면
동네 아줌마들과 멍석을 펼쳐 놓고
바람소리 새소리 들으면서 어머니 세월을 부채질 하였지요

문명에 물들지 않은 미개한 바람이 얼굴의 땀을 식히고 귀밑머리를 날리면
양은 그릇을 가득 실은 기다란 리어카를 끌고
얼굴 좋은 아저씨가 아카시아 그늘로 왔고요
그때는 내가 학교에서 돌아온 꼭 오후 3시였지요

오늘 생각이 많은 봄바람이 외칩니다
빛나는 보석은 다 찾을 수 없는 것들에 있다고요
이 세상 눈으로는 볼 수 없다고요

2023.

제2부
아버지

세상의 모든 아버지는 영원이다

아버지 1
 - 관절

관심 좀 가져 달라고
아버지 관절이 소리친다
새벽 안방에서 아버지 신음하신다
건넌방 아들 방에 대고
아버지 무릎 관절이 자꾸 나를 부른다

아버지 신음 소리만이라도 좋았던
새벽의 그 소리
아프다는 소리만이라도 살아 있어 좋았던
아버지 그 소리

밖에 겨울바람 불고 눈 내려요
아버지 케이비에스 뉴스 나와요
오늘 기온이 뚝 떨어졌대요

먼 옛날 새벽 종소리 같던 아버지 신음 소리
내 무릎 관절에 굽이굽이 들려 온다

아버지 2
- 겨울 땔감

잔설 희끗희끗한 어릴 적 마적산,
찬바람 갈참나무 가지에 맺혀 울고
짧은 겨울 해 뉘엿뉘엿 서편 하늘 붉게 번지는데
방구들 지필 땔낭구하러 골짜기를 올라간 아버지
내려오지 않네

아버지 졸졸 따라 낭구하러 갔던
내 어릴 적 마적산 무지無知골,
커다란 나뭇단을 굴리며 산짐승처럼 내려오던 아버지
날은 멧돼지처럼 자꾸 어두워지는데
나뭇단 한 단마저 굴리러 또 올라가야 한다던 아버지
칼바람 싸릿가지에 맺혀 잉잉 우는데
아버지 내려오지 않네

아버지 3
- 기억

슬프다는 것은
잊힌다는 것은
잊혀 간다는 것을 안다는 것은

서서히 바래어져 가는 기억들이 끝내 지워진다는 것
추억의 그 물결마저도 사라져 간다는 것

그래야 하겠지만
그렇게 되겠지만

아직 희미하게 남아 있는 아버지가
더욱 선명해지며 오늘이 오는 것은
내 무릎 관절에 아버지가 살고 있기 때문이다

아버지 케이비에스 뉴스 일기예보 나와요
오늘 또 눈이 많이 온대요

아버지 4
 - 유언

아버지 마지막 말씀
한마디 못 들었네

그저 새벽에 들려 오던 신음 소리뿐
무릎 관절에 세월 앓던 소리뿐
추간판 관절에 목숨 부딪히던 소리뿐

그저 그 소리뿐

그래도 살아 있어 좋았던
아버지 새벽 숨소리뿐

관절 마디마디에 흥얼흥얼 들려오는
아버지 뽕짝 노랫소리뿐
아버지 그 숨소리뿐

아버지 5
- 마지막 대문

아버지 그 길 나선 후 집에 못 들어오셨네
대문 열고 나가 여명에 논둑길 걷다가
종달새 노래 따라 개울 다리 건너
푸른 봄들 걷다가
아버지 영영 집에 안 들어오셨네

식탁에 술 두 병 꺼내 놓고 아버지,
논배미서껀 어린 모들 어루만지고
곧 돌아와 봄바람에 한잔하리라고
새벽 일 끝내고 돌아와 휑한 세월에
뻐꾸기 꾀꼬리 노래 들으며 툇마루에 앉아
회억에 젖어 아득하게 한잔하리라고 아버지,

피엑스 맥주 두 병 식탁에 꺼내 놓고 아버지,
아버지 목숨 열고 나가 봄들 걷다가
영영 영영 집에 못 들어오셨네

아버지 6
 - 화장

나오십니다!

키 큰 화부가 중얼거렸다
온데간데없이 사라진 아버지
까맣게 익어 살아온 살과 뼈들은
하얀 가루가 되었다
아, 저 가루들!
들판에서 강변에서 수없이 만나던
마약 같은 햇살들이었다
바람 같기도 풀잎 같기도 한
목숨에 끈적끈적 달라붙던 허기들이었다

현충원 비석에 미끄러지는 햇살을 쓰다듬으며
어머니는 이담에 나도 올게 하였다

어느 날 방으로 날아든 새를 보고 딸애는
새로 이사한 집 한 번 못 와보더니
할아버지가 찾아왔다고 반가워했다

나오십니다!

들판 가득 누런 곡식들을 닮아
목숨의 살과 뼈들을
흙으로 빚어 살던 아버지 생애
세월이 가 닿는 눈길에 발길에
눈부신 햇살이 되었다

2006.7.20.

아버지 7
 - 귀납적 예언

무엇을 오래 생각했음이야
아버지 오래, 두 눈을 질끈 깜짝인 것은
아버지 이따금
먼 산 보고 먼 하늘 보고
두 눈을 깊이깊이 깜짝인 것은
무엇을 다 예감했음이야
먼 훗날 내가 오래오래
두 눈을 깜짝일 것을 아셨음이야
아무도 안 쳐다보는
먼 산 보고 먼 하늘 보고
무엇을 다 예감하리란 걸
아버지 이미 다 아셨음이야
아버지 그때
메뚜기 뛰고 잠자리 날던
피라미 몰고 붕어 잡던
그때 벌써
동화책 같은 담배 연기를 내뿜으며
하도나 생각이 많아서
아버지 가셨음이야

먼 훗날 그때

아버지 8
 - 모습

청산의 구름은 아버지이다

들녘의 바람은 아버지이다

뿌리의 흙은 아버지이다

물속의 구름이 나이다

잎새의 바람이 나이다

빗방울의 흙이 나이다

아버지 9
- 시원소주

아부지가 그리운 날은 시원소주를 마신다
먼 하늘 푸르러 아부지 그리운 날은
한여름에도 눈발 날린다
한겨울에도 빗발친다

툇마루에 그윽이 한오백년 바위처럼 나 앉아
빗줄기를 바라보며
눈발들을 바라보며 아부지 마시던 술
아부지가 서러운 날은 시원소주를 마신다

아부지 그때
진달래꽃 옆에서도, 들국화 곁에서도 싸웠다
그래서 지금은 현충원에 거룩한 비석으로 서 있는데,
꽃들 옆에서, 만발한 꽃들 곁에서
사랑도 하고, 기타도 치고, 노래도 하고 있는 세월은
기쁘지만도 않아, 즐겁지만도 않아
먼 하늘 눈꺼풀 아래 내려
그리운 아버지 시원소주를 마신다

아버지가 그리운 날은 허공을 툇마루 삼는다
바람을 불러 구름을 불러
눈발을 날리고 빗발을 날린다

아버지 10
- 미풍양속, 품앗이

아버지가 남의 집 귀한 딸을 데려다
씨뿌려 농사를 짓고 나를 낳았다

나도 어느 심령 선한 집으로 가서
오순도순 어머니가 되어야겠다

전생에 받은 빚이기 때문이다

아버지가 금지옥엽 남의 딸을 데려와
옥토를 경작해 방아를 찧고 나를 낳았다

나도 알토란 같은 예쁜 딸을 하나 낳아
어느 착하고 부지런한 집으로
알콩달콩 어머니로 주어야 겠다

하늘에 진 빚이기 때문이다

아버지 11
- 쇠도리깨

쇠 파이프에 굵은 철삿줄 몇 가닥 햇살같이 매달려 있다

저 햇살을 휘두르며 삶을 만드느라
비바람의 관절은 얼마나 삐걱거렸을까
생활이 삶의 근육이고 혈관인데
육신은 육신으로 낡고 야위고 서산에 내려오는 하루 해는
식탁의 어린 입들이 눈에 삼삼 떠 올랐으리라

금빛 햇살 마당에 쏟아지는 참깨 알, 들깨 알들
오늘이 과연 어떠한 날들인지도 모르게 날은 저물고
어디로 어디로 꽃피우며 가는 세월인가

살자고 죽도록 육신을 휘두르고 쳐다본 놀빛 하늘에
고추잠자리 몇 태초의 땀방울에 날았으리라

아버지 12
- 하늘의 붓

당신이 돌아오는 저녁은 쓸쓸했다

낮과 밤, 그 으스름 경계에 홀로 앉은 툇마루
푸른 창을 열고
당신 오신 곳을 바라본다
당신 가신 곳을 바라본다

아득한 바탕에 점 점 점 흰 구름들
당신이 계신 푸른 벽에 그림 한 폭 걸려 있다
당신의 눈동자가 당신의 영혼이 그려져 있다

매화 핀 창가에 주황색 빨랫줄 가로지르고
소나무 그늘에 옹기종기 앉아 있는 항아리 몇
당신 심장처럼 두근거린다

누가 그리는가 푸른 하늘에
대답 없는 생애의 저 하얀 그림들을

기다리지 말라고 기다리지 말라고
바람 한 줄기 옛 보시기에 내려앉는다

아버지 13
- 기침소리

그 길에 검은 장막이 내리면
아까시꽃 향기는 지천 향기로웠느니라
동네의 빛들이 가난하여
별들은 더없이 아름다운 빛이었느니라
논에 개구리들은 그 어떤 철학보다도
봄밤을 밝히고
깊고 그윽한 달빛이 우리네 안방을 비췄느니라
세상 돌아가는 뉴우스는 없어도
바람도 비도 눈도 나무도 꽃도 낙엽도 세월도
까닭 없이 기막히게 달고 즐거웠느니라

장마 진 개울에
장대에 망태를 매달아 던져 끌어 올리면
빠가사리 퉁가리 메기 붕어 미꾸리서껀
왼갖 괴기들이 잡혀 올라와
아버지 여름날은 그날그날이 축제였느니라

풀줄기에 꿰인 메뚜기들과 술병에 담겨 꼬물거리는 메뚜기들을
아이들이 논둑에서 흔들어 보이면 이윽고 가을이었느니라

아버지 기침 소리와 언 바람에 연을 날리고
겨울 언덕에 불붙는 목숨들은 다 흙빛이어
삶도 죽음도 다 저쪽에 있었느니라

아버지 14
- 호롱불

달이 호롱불을 켜 들고 떡갈나무 잎새로 왔다
불이 들어와 영혼이 환해졌다
아픈 상처들은 모두 용서받았다

갈잎이 아버지 숨소리가 되어
창문에 달라붙는다
바람이 운다
풍경이 한번 추억을 친다

떠나간 것들은 모두 애처로웠고
잃어버린 것들은 다 슬펐구나
방안에 나뒹구는 건 귀를 세운 침묵들뿐
보이지 않는 모습들뿐
그것들, 없는 것들만이 실체인 양

달이 호롱불을 켜 들고 창문을 두드린다
아버지가 오셨구나

아버지 15
- 효자손

차 안 기어 레바 옆에도 있다
컴퓨터 옆에도 있다
베개 머리맡에도 있다
식탁 위에도 있다
툇마루에도 있다
여행 가방에도 있다

예전에 몰랐던 것들이

가로수 등걸에도 있었다
쥐똥나무 울타리 가지에도 있었다
개나리꽃 가지에도 있었다

슬픔 슬픔 뒤가 가렵다, 앞이 가렵다
손바닥 발바닥이 가렵다
지나온 생이 온통 가렵다

아버지 관절 바람 불어온다
푸른 하늘 붉은 땅 자세히 읽고
뭐 하나라도 가슴에 새기고 가야지

누가 먹고 버린 나무젓가락에도 있었다

아버지 16
 - 숨소리

앞마당을 서성여 봐도 뒤란을 돌아가도 없다
지하 농기구 창고를 들여다봐도 없다
산마루 뭉게뭉게 솟는 구름을 살펴봐도 없다
고양이가 따라오고 강아지가 꼬리를 흔들어도 없다
송사리가 징검다리를 돌고 윤슬이 반짝여도 없다
없다 온통 없는 것 뿐이다

삽날을 쳐다봐도 괭이자루를 만져봐도 없다
가래 끓는 기침 소리 귓전에 쟁쟁한데
배꽃이 떨어져도 사과꽃이 져도 없다
진달래가 시들고 철쭉이 시들어도 없다
아카시아 꽃그늘을 살펴도 없다
풍뎅이를 돌려봐도 해바라기를 따라가 봐도 없다

없다, 빗줄기를 누벼도 눈보라를 달려가도 없다
바람과 바람을 넘겨봐도 없다
벽을 바라봐도 시계를 헤아려도 없다
풀숲을 걸어 그곳에 가봐도 없다

일어나 앉아도 안방에 누워도 없다
무엇이 무엇이 되었을 것이라는 소문만 무성할 뿐
아침이 와도 저녁이 와도 없다
어디에 어디에 가 있을 것이라는 추측만 난무할 뿐
없다, 천지간에 없는 것만 가득하다

어디에 있는가 나의 없는 것이여

아버지 17
 - 여름, 7시의 저녁 하늘

내가 그곳을 보고
당신 슬픔이 충분하다고 느꼈을 때
당신 슬픔이 이젠 아니라고 느꼈을 때, 그때
푸른 빛이 보였다
푸른 나무들, 푸른 숲이 눈에 들어왔다

하늘을 우러러 사는 것들
그 하늘을 반짝이며 사는 것들이
대지에 엎드려 사는 것들
그 대지를 반짝이며 사는 것들이
푸른 눈에 하나 가득 들어왔다

하늘 높이 그 자리에서 사라진 구름
바다 멀리 그 자리에서 지워진 시간
당신은 이슬의 속도로 망각된다

아버지 18
- 스쳐 살다

바람은 불어오고
구름은 흘러간다

순간에서 영원으로

뜨락에 꽃은 피어나고
언덕에 별은 반짝인다

영원에서 순간으로

한 걸음 한 걸음 발걸음을 뗄 때마다
세상은 점점 더 어려워지고

이 세상에 없는 시간 속에 서서
어린 사진들을 보며 슬퍼지지 말자

하늘에서 지상으로
비가 온다
눈이 온다

아버지가 오신다

아버지 19
- 벼 이삭에 영그는 세월

아버지, 세월이 달력에서 없어졌어요

아침 햇살에 낫 벼리던 대문 앞 개울물 소리
볏모개에 달라붙은 메뚜기의 이슬
언덕에 월견초도 달그림자를 반기는데
엄마 걸음은 지팡이를 짚은 거북이가 되었어요
계절조차도 세월을 저버리고 여우고개를 넘어가요

논둑길 돌아오던 어슬녘에 아버지 목간하던 개울 첫째 보에
 세월에 잘 저장된 아이들 웃음소리 까르르 쏟아지는데
 둘째 보 셋째 보에 흐르는 물소리 곡조 하나 변함없는데
 동네 어른 몇 분은 영 보이질 않네요
 안 보이던 사람이 보이고 보이던 사람들이 안 보여요

학교 울타리 나뭇가지 새들이 바람과 구름과 햇살들 함께
 영원의 악기를 연주해요
 공중에 매달아둔 음표들을 죄다 내려 노래해요

냇물 속에 송사리 피라미들이 왔다 갔다 박수를 치네요
하롱하롱 낙엽들이 나부껴 내리고
하늘에서 이상한 눈빛들이 반짝거려요

아버지, 달력에 하 많던 세월 모두 없어졌어요

아버지 20
- 코스모스와 메뚜기

샛길로 들어섰다 코스모스가 피어 있었다
가던 길을 세웠다 목적지를 멈췄다

코스모스가 만발하였다
주홍빛으로 주황빛으로 하얗게 붉게 나를 반겼다
농로가에 도열하여 박수를 치며 나를 반겼다

풀숲을 밟자 메뚜기가 뛰었다 날았다
한 마리 두 마리 세 마리 등에 업혀 같이 뛰는 두 마리
여기저기 날았다 뛰었다

가을이 흔들렸다 살과 뼈들이 요동쳤다
시간이 갈라지고 세월이 열렸다

아버지가 보였다
하늘 먼 데서 기침 소리가 들려 왔다

2018.11.7.

아버지 21
- 19세기

슬픈 노래들도 휘파람을 불던 시절
눈발도 빗줄기도 기차를 타고 여행을 떠났다

어디에 닿았을까
소쩍새 우는 봄밤, 아까시꽃 향기 징검다리 건너던
그 달빛 사랑은
가슴에 항시 강으로 흘러 영혼을 적셔 주던
브람스 모차르트 베토벤 차이콥스키 바흐의 날들은

다시 없을 거야
냇물도 강물도 밤의 블루스를 추고
달빛도 별빛도 기타를 치던
그 언덕의 새벽안개들은
고등어 꽁치를 바지게에 메고 온 아저씨가 외치던
그 싱싱한 아침은 다시 밝지 않을 거야
구멍 난 빤스에 모래톱을 달리던 버짐 핀 개울은
어디로 흘러갔을까

시간도 없이 세월도 없이
뻐꾸기가 울고 귀뚜리가 울던
툇마루 아버지의 날들

어느덧 아버지의 뒷모습이 되어버린 그 먼 훗날
꽃도 나비도 바람에 하염없다

아버지 22
- 아버지의 아버지

그 골목에
할아버지 도포 자락이 휘이휘이 휘날리면 땅거미가 내려앉고 저녁이었다

아이들은 동물적인 세월을 이곳에서 놀았다
그 골목에 들어서면 없는 게 없이 다 있었다
딱지며, 구슬이며, 팽이며, 만화책이며, 밤꽃 향내가 나는 풍선을 불며
더 이상 즐거운 것 없이 세월은 공기놀이하며 놀았다

할아버지는 대장간 옥수수밭 옆 마당에서 돼지 붕알을 노릇노릇 구워서는 왕소금을 뿌려 주었다
태어나 처음 먹어본 괴기였는데 그 살맛은 세상에서 제일로 부드러운 음식 같았다

대장간에 호미, 낫의 달군 쇠는 아버지의 붉은 근육에서 익어갔고
나의 살과 뼈들은 개울 얼음 배 위에서 노를 저으며 익어갔다

소나무 장작에 굵은 철사를 동여 할아버지가 만들어 준 썰매를 타고 씽씽 얼음을 지치다 보면 긴 방죽길을 따라 군불 지필 솔가리를 긁으러 길을 가는 엄마 뒷모습이 보이곤 했다

　기억이 되어지느라고, 다만 추억이 되어지느라고
　바람도 이슬도 풀잎도 시를 만들지 않았다
　잠자리도 메뚜기도 미꾸라지도 책을 읽지 않았다
　비 오는 날도 눈 오는 날도 철학하지 않았다
　아침에도 저녁에도 달밤에도 별밤에도 고독하지 않았다

2018.12.20.

아버지 23
- 기억, 망각

법 없이도 살 사람이라 했지
법이 하늘이고 햇살이고 계절이었지
아는 것이라곤 열고 맺고 피고 지는 몇 가지뿐이었지

아버지, 그곳에서는 이곳이 다 잊히나요
하늘도 햇살도 계절도 남김없이 지워지나요
열고 맺고 피고 지고 세월은 있어도
기억도 없이 망각도 없이 생을 순간으로 지내는 곳인가요
과거도 없이 미래도 없이 오직 오늘만 있는 곳인가요

장마 진 냇가에 나가 물고기 잡아 매운탕을 끓이며 수제비를 뜯던 여름날, 버들개지가 피려고 개울 언덕에 아지랑이가 감실거리던 봄날, 양복집 앞 신작로에서 탈곡기 잉잉 돌아가는 소리에 새벽잠을 깨던 가을날, 들녘이 휑하니 비면 질척한 대문 앞 골목 어귀에서 뻥튀기 기계를 돌리며 강냉이처럼 하얗게 튀겨 보낸 겨울날,

취직이 별 따기던 시절 빈둥거리며 마빡에 피도 안 마른 철부지는 뻥튀기 용돈을 타 눈물로 막걸리를 사 먹었지요

징검다리가 놓였던 사랑마을로 건너가는 개울,
번듯한 신식다리 율문교 위에서 아버지 세월을 지켜보고 있어요
이제 여기는 그만 다 잊으신 건가요

2019.1.24.

아버지 24
 - 제사

빈 양재기에 젓가락을 세 번 두드린다

향이 하늘 가득 피어오른다

어디 갔나 어디 갔나
있었던가 없었던가

향불이 숨쉬는 아버지 젓가락 소리처럼
철걱철걱 피어오른다

엎드린다 절을 두 번 한다

순간이 지나갔다
영원이 지나갔다

아버지 25
- 제사, 음식

　결론부터 말하면 제사상에 음식을 놓고 절하는 것은 옳았다
　아버지 기일, 제상에 음식을 가득 올려놓고 제사를 지낸다, 흙의 숨결, 물의 숨결 사과 배 조기 살찐 닭 떡과 식혜 나물서껀 맛난 음식 가지런히 차려놓고 엎드려 큰절을 한다
　살붙이들은 먼 데서 먹고사는 문제를 풀고 있고 홀로 향내를 맡으며 왼손을 오른 손목에 받치고 정중히 술잔을 올린다

　제상을 조금 물리고 음복을 한다 닭살 한 점을 씹는다 살과 뼈들이 감동한다 늦은 저녁 민생고에서는 벌써부터 개구리 소리가 났던 것, 내 살과 뼈들은 숭조에는 아랑곳없이 제상 맛난 음식에 더 념이 동했던 것,
　그러면서 생각한다, 왜 제상에는 꼭 음식이어야 할까, 왜 음식을 놓고 그 앞에 절을 하는 것일까, 결국 나 잘 먹자고 하는 것은 아닌가
　조상을 기리는 의미라면 생전에 업으로 삼으시던 낫이나 삽 곡괭이 칼이나 도마 혹은 펜이나 책 이런 것은 안 될까 이리저리 상념에 젖다가

아, 음식이 제상에 오르는 것은 맞는 이치로구나 펄쩍 깨닫는다
 아버지 이 먹이들을 물어 날라 우리들 살과 뼈를 익히느라 한평생 사셨구나 깨닫는다

 세상의 모든 음식은 시작과 끝, 씨앗과 열매, 펜도 책도 낫도 곡괭이도 우리 먹이를 위한 도구, 학문도 종교도 이것들이 없이는 불가능한 것, 하늘도 인간이 세상의 낟알 들인 것을 알아 사직단에는 음식이 놓였던 것,

 음식으로 시작하고 음식으로 잠이 드는 살아 움직이는 세상의 모든 아침과 저녁 모두 음식이었구나
 아버지 전에 음식을 차려놓고 그 앞에 정중하게 절을 올리는 것은 옳은 것이었구나, 세상의 음식이 얼마나 신성한 것인지 깨달으라 아버지 하늘에 돌아가서도 내 살과 뼈들의 안녕을 위하여 이렇게 맛난 음식을 차려 주시는 것이었구나

 그런고로 절을 올린 아버지 숨결이 밴 음식들은 이렇게도 맛난 것이었구나

내 살과 뼈를 이루는 음식들 모두 성스럽고 거룩한 아버지였다

아침에 주방에 대고 그랬다 음식이 맛없을 때는 아버지 앞에 큰절을 올리고 먹겠노라고
왜 조상께 절을 올린 음식들은 이렇게도 살과 뼈들이 감탄해 마지않는지

어미 새가 물어다 주는
어린 새의 입에 먹이가 들어가듯 신성한 ------

2020.2.28. 아침에

아버지 26
- 코로나19 마스크

아침 하늘에 떠 있는 한 점 구름에 계시나요

작은 솔가지를 흔드는 저 바람에 계시나요

저물어 가는 하늘 멀리 반짝이는 저 별에 계시나요

어제는 동네 약국에서 긴 줄을 섰다가 아버지 신분증 복지 카드로
공적 마스크 kf94 두 장을 샀습니다
조마조마 두근거리며 샀습니다

아버지 살아 계셨군요
내 살과 뼈들의 호흡에 살아 계시는군요

2020.3.19.

아버지 27
 - 황소

거기 황소가 있었어
대문 열고 들어오면 거기 오른편 외양간에
방긋 웃던 황소가 있었어

거기 즐거운 발걸음이 있었어
황소를 몰고 개울 징검다리 건너가면 아장아장
따라오던 송아지의 즐거운 나날이 있었어

개여뀌랑 동방사니랑 개구리 낄룩이랑 진종일
함께 놀던, 개울 자갈 풀밭에 노을이 내리면
이제 집에 가야 할 시간이 되었노라고
음-메 석양을 바라보던 거기
황소 같은 아버지 한평생이 있었어

강변 자갈논 열 마지기를 얻은 석양의 메아리 음-메
삼대의 보금자리를 마련한 황소의 노을빛 눈 음-메

제3부

지나가다

순간이 자연이고 영원이다

샘밭, 유정임

장거리 신작로에 불어가던 먼지가
사막처럼 불어가던 뽀얀 먼지가
무엇보다 그립다던
그보다 더 그리운 추억은 없다던
이발소 옆에 술래잡기하던 버드나무
옆에 고무신 가게
옆에 포목 집
옆에 예배당 다니던 누나 집 옆
막국숫집에
그녀는 그리운 연애소설 페이지처럼 살았다

봄, 서정

봄이 오면
누구나 설레는 기대 하나쯤 가져도 좋으리라
지금은 색깔조차 누렇게 바랜
그 봄에 서성이던 그리움들을 꺼 들고
아지랑이 감실거리는 들판이나
봄볕의 애무에 황홀히 취한 강변에 나가
저물도록 누군가를 기다려도 좋으리라

회한이 더께로 앉은 옛 서랍을
두근거리며 열면
기다렸다는 듯 안겨 오는 초록빛 이야기들
촉촉이 젖은 얼굴 한 장 한 장 꽃바람에 널며
세상에 있는 사람
세상에 없는 사람
하염없이 불러봐도 좋으리라

봄이 오면
누구나 설레는 편지 한 통을 들고
오래 잊었던 창문을 두드려도 좋으리라

지나가다

대숲에 휘날리는 눈발
검은 머리도 흰 머리도 지나가다
꽃잎도 낙엽도 언덕도 벌판도
달밤도 별밤도 지나가다
모든 지나간 것들이
처음부터 다시 지나가다

대숲에 몰아치는 눈보라
혜숙이도 금자도 지나가다
모든 형상 있는 것들이
형상 없는 것들이
태어난 것들이 죽은 것들이
처음이 되어 또다시 지나가다

돌

그것은 준엄한 침묵
웅장한 우주의 고요
말없음으로 오히려 많은 것 일깨우는
갈매기도 잠든 밤바다의 등댓불 빛

고무줄 새총에서 떠난
나의 작고 고운 유년의 돌은
우주로 날아가 별이 되었다

나는 듣는다 말없는 세계의
별빛 이야기를
등댓불 빛 이야기를

돈오頓悟 1
- 경전經典

동학사 뒷산 나무 그늘에
새파란 비구니들 짝을 지어
선경에 든 듯 경을 외고 있었습니다

장날
먼지 날리는 한 구석에 파뿌리 할머니가
햇살에 반짝이는 목숨을 고르며
한 단 미나리 값을 부르고 있었습니다

햇살은 지상에 내려와
미나리 냉이 씀바귀 상치서껀
목숨 있는 어디나
푸르디푸른 경문을 새겨 놓습니다

바람 부는 풀잎 절간에서
비구니가 경을 외고 있습니다
할머니가 값을 부르고 있습니다

깜짝 놀란 햇살들이
사람들 속으로 막 달아납니다

사람의 그늘

하늘 가는 길
영령도 지쳐 누운 보라매 병원을 나와
저승 같은 포장마차에 홀로 들어 소주를 마신다

식탁에 한 여인은 엎드려 졸고
주방에 한 여인은 그믐 같은 눈꺼풀로
덜그럭거리는 생을 다듬고 있다

한쪽 구석에 핏대 올리며
어지러운 세상 매대기 치고 있는
넥타이 둘
질긴 인연인 듯 맞장구치고

석류알처럼 매달려 있는 노란 전등 밑
라면 삶는 사람의 그늘에 잠시 쉬었다 가는
살아 뜨거운 목숨의 불빛들이 꽃잎 같다

세월 사랑 만남 이별 슬픔 운명
그런 이름의 새들이 푸드득 날아오르는
새벽 3시 30분

저세상 같은 고요에
삼도내 물결 소리 찰박찰박 귓전을 울리고
더워 오는 눈시울에 생각난 듯
옛 눈발이 희끗희끗 삼박자로 날린다

가을, 저녁 불빛

시간의 사슬을 끊으며 노란 길을 걷는다
죽음의 조각들은 발길에 툭툭 채이고
이승에 내리는 어둠이 눈부시다
잘게 썰리는 낙엽의 기억들,
오억 년의 화석으로 새겨진다

골목 한구석에 버려진 하루분의 생,
소주병, 막걸릿병, 우유 팩, 라면 봉지,
한때
사람의 온기가 머물다 간 흔적들은 얼마나 뜨거운
목숨의 기록인가
어둠의 창마다 꽃잎처럼 피어나는 불빛 불빛 불빛

오랜 결심에 뿔이 돋는다
나 한 마리 낯선 짐승이 되어
허옇게 남은 날들을 들이받으리라
내가 색칠한 바다에 배 띄워
더 멀리멀리 저어가 반짝이리라

멕시칸 치킨 아줌마

그녀는 마포 자루 끝에서 심장이 멎었다
하필이면 생의 종착역이 막대기 끝이었을까
아침나절 대걸레를 빨고 짜고 밀다가 그만
목적지에 도달했다
끓는 기름 솥에 그녀가 튀긴 생은 몇 마리쯤 될까
튀겨도 튀겨도 봉황으로 날지 못했던 통닭뿐이었던 삶,
마지막 지문이 찍힌 곳, 그녀는 그래도 청결이었네
그녀가 마지막 밀어 지운 것은 무엇이었을까

옛 노래의 가락들을 옆에 앉히고
그녀가 즐겨 담아 주던 푸른 배추, 접시에 첩첩 놓인
배추 꼬갱이를 된장 발라 먹는다
푸르고, 노랗고, 서걱거리고, 씁쓰레한 존재의 꿈틀거림,
그 날것들의 생이 비릿하다

유방에 침투한 세월의 균들이
그녀의 일생을 정복한 날,
살아 있었다는 그 행위와 이유에 무슨 용서가 있겠는가
그녀의 전생,
그때 비바람들이 다 울었으리라

새벽여자

푸석한 여자 하나 안개 속에 서 있다
가방을 둘러 메고 버스 승강장에 서 있다
목구녕의 자본을 위해 어디를 가려는지
얼굴에 바른 분조차 새벽 안개 같다

가장은 어디로 갔을까, 앓아 누웠을까
아이들은 몇이나 됐을까
새벽 여자 땅 보고 하늘 보고 표정 하나 없다

이혼했을까 사별했을까
시시때도 없이 사라지는 예측불허의 목숨들,
잘나지 못해서 못 사는 건지
잘살지 못해서 못나 보이는 건지
안 이쁘면 사랑받지 못하는 세상
얼굴은 이쁘고 봐야한다고 이리 째고 저리 꼬매는 세상
마음씨 따위 성형엔 절대 관심 없는 세상

이쁘지는 안해도 열심히 살아라 건강이 최고지
든든한 허리로 야무진 어깨에 가방 하나 덜렁 메고
새벽 안개 속에 돌 인형 같은 여자 하나 서 있다

눈물

나는 눈물을 사랑한다
세상에 살아 있는
모든 눈물 가진 것들을 사랑한다
가슴에 아름다움이
더는 아름다울 수 없어 맺히게 되는 것이 눈물이다
눈물은 보이는 것이 아니다
감추다 그만 들켜지는 것이다
항아리 뒤에 숨은 눈물
뒷산 깊숙이 바위 뒤에 숨은 눈물
이불 속 깊이 깊이 숨은 눈물
남몰래 숨은 눈물이라야 순수에 이른다

눈물은 다만 눈물을 바탕으로 꽃필 뿐
그 무엇도 목적하지 않는다
어느 것 하나 요구하지 않는다
눈물은 땅의 빛 하늘의 빛으로 조화로워
이미 완벽한 하나의 완성이기 때문이다
진정한 눈물은 가슴에서 가슴으로만 흐른다
가슴에서 솟지 않은 눈물은 눈물이 아니다
가슴으로 흐르지 않는 눈물은 눈물이 아니다

목숨 가운데 가장 영롱히 빛나는 것
그것이 눈물이다
나는 눈물을 사랑한다
눈물 가진 모든 목숨들의 생채기를 사랑한다
내 지친 어깨 위에 파랑새로 앉은
당신은 나의 눈물이다

학생부군신위

저 새
한 소리 또 하고 또 하는데도
한 세상 다 노래한다

저 냇물
같은 소리 또 하고 또 하는데도
한 세상 다 흘러간다

먼 곳으로 돌아 앉으면
세상은 다 한가지 소리,
사람은 사람으로서만이 한 세상이다

살은 동안, 의식과 인식 그 사이에서
꽃 피고 새 울고 비 내리고 눈 내리고
한가지 조약돌 같은 세상을 만지작거리며
그는 모두를 다 살고 간 것이다

발작 1

햇살 아래
언제든 나는 증발한다

눈부신 목숨의 염전에
하얀 소금만 남기고

알맞게 간 맞춰 사는 것은
너희들 몫으로 하지

1997.8.

발작 2

단순한 햇살이
참새떼 앞마당에
좁쌀로 뿌려지고 있다

단순한 목숨 하나가
신나게 그걸 쪼아먹고 있다

어디선가
즐거운 생이 황홀하게 기운다

1997. 6.

하늘 지붕

밤 하늘은 까만색이다
놓칠세라 반짝이는 것들이 별이 된다

까만색 하늘 지붕 아래
홀로 불 밝힌 자연인의 집 한 채 즐겁구나

까만색은 즐겁다
외로움도 괴로움도 슬픔도 절망도 까만색이다
페시미즘은 까만색을 즐기며 방황한다

어둠의 것들에는 법열의 별들이 숨어 있다
열락의 반짝이는 빛을 품고 있다

그 봄날의 첫사랑도 까만 밤에 즐거웠다
어둠의 흑점을 남김없이 즐기고 새벽은 밝아왔다

2018.9.8.

뒤란

뒤란을 간다
방뇨를 하며 뒤란을 살핀다
어디론가 사라진 것들이 보인다

뒤란이 있다
누구나 뒤란을 갖고 있다
생각의 구조물들이 올망졸망 얽혀 있는 뒤란,
영원의 것들이 어쩜 속삭여 올 것도 같은 뒤란,

아이들의 햇살 밟는 소리가 묻어 나오는,
무언가의 목소리가 들려올 것도 같은 뒤란을 누구나
갖고 있다
아무도 올 수 없는 홀로 산책하는 뒤란이 있다

듬성듬성 잡풀들이 정겨운, 일곱 빛 꿈들이 자라던
뒤란,
개미들이 놀고 거미가 그네를 타며 허공을 젓는,
하루 한낮 잠깐 햇살이 다녀가는 뒤란,

찾아지는 것이 아니라 찾는 것들이 오는, 생각들이
아무런 생각들이
　생각 없이 노니는 뒤란,

　뒤란을 간다
　방뇨를 하며 어제의 오늘 뒤란을 살핀다
　그때의 오늘인 옛날을 본다

2023.1.28.

계절의 아침

두고 온 세상이 하도나 보고파서
몹시나 그리워서
한 두어 말 마신 잠에서 깨어났다

이슬 맺힌 세상 새로이 젖고
꽃들은 더불어 환생하였구나

햇살 눈부신 아침에 앉은 새들이
이제 그만 죽거라
이승을 지저귄다

한 갑자 산 채로 무덤에 있었구나

새우젓 여자

엉덩이가 풍성한 여자가 새우젓을 쓰다듬는다
드럼통에 수북이 올라온 새우젓을 어루만진다
손가락 사이로 비치는 아침햇살이 예사롭지 않다

새우젓이 말문을 연다, 경상도 사투리를 한다
새우들은 그 작은 눈을 하고도
세상에서 가장 작은 창을 열고도
한 세상 다 내다보는 것 같다

고무장화를 신은 봄날 아침
푸른 미역 줄기 같은 여자가 철벙철벙 마당을 누빈다
바닷가 어디 어항인 듯 비릿한 햇살을 누빈다
무지갯빛 신명을 뿌린다

이곳이 그곳이라고
여기가 찾는 거기라고
새우젓들이 꼿꼿이 일어나 춤을 춘다

2016. 3.

벚꽃 봄날

살아 기억이 다 지워진 꽃잎이 화르르 화르르 흩날린다
바람이 아니더라도 햇살이 아니더라도
꽃잎들이 하늘하늘 하늘을 향해 춤을 춘다

살은 기억 다 지워졌다고
꽃으로 살았던 날들 다 지워졌다고
꽃잎들이 춤을 춘다 망각의 잔치를 벌인다

꽃잎들은 춤을 춘다 흩날리며 춤을 춘다
춤을 추다가 옛일이 생각난 듯
잠깐 동안 허공을 팽그르르 도는 꽃잎도 있다
환장하게 옛 기억이 잠깐 돌아온 탓이기도 하겠지만
이내 다 잊고 꽃잎들은 다시 춤을 춘다

전생의 전생의 꽃날 기억 다 지우고
아무 것도 아닌
아무 것도 없는 세월 풀어 꽃잎들은 춤을 춘다
하늘하늘 하늘을 향해 춤을 춘다
우주의 춤 허공의 잔치를 벌인다

2018.4.4. 청주 무심천에서

신의 등불

버들잎 툇마루에 앉아
탁배기 잔에 노을 풀어 본다
불쾌한 창밖, 먼 허공을 바라본다
마루에 밝힌 전등이 허공에 걸려있다
검은 허공에 더 아름답게 반짝이고 있다
허공은 참 아름답구나

허공은 나를 보고 나는 허공을 보면서
서로 등불을 보고 있다
이럴 때 오늘 살았던 나는 분해된다

눈에 보이는 것은 다 있는 것일까
눈에 안 보이는 것은 다 없는 것일까
눈에 보이는 것만 살은 것인가
눈에 안 보이는 것은 못 살은 것인가

나는 어디에서 비춰진 나일가
너는 어디에서 밝혀진 너일까
우리는 누가 밝힌 허공의 등불인 것인가

저 허공의 능선 너머 어딘가에
한잔 탁배기에 버들잎 바라보며
빙그레 미소 짓고 있는 또다른 내가 있을 것만 같다

햇살복음

지렁이 꿰인 낚싯바늘에 기겁을 한 붕어는
돌아서 가다가 바로 다 잊는단다

그래서 죽을 뻔한 낚싯바늘 같은 건 기억에 없어
생의 밑밥에 다시 돌아온다는데

햇살 미끼를 꿴 하늘의 낚싯바늘에 늘 혼줄이 나는 나는
하나도 잊지 못하는데도 또 다시 오늘을 맞는다

바람과 안개와 이슬이 매달린
살과 뼈들의 떡밥에 골몰한다

하늘가에 낚싯대를 드리우고 앉은 태양이
햇살을 꿰고 오늘도 나를 낚고 있다

이끼

그 후에라도 허무하지는 말자고
자벌레 한 마리 영원을 재며 햇살 속으로 들어갔다

바위는 기억을 생산해 내지 않는다

돋아난 푸른 기억들이
그의 기억 속으로 스며들고 있다

참꽃

하늘의 문장부호 같은 꽃들이
읽어도 읽어도 끝나지 않을 우주를 펼쳐 준다

시간은 허공에 있다
마침표는 허공에 있다

꽃들은 바람으로 글을 쓴다
안개나 구름으로 문장을 만든다

세월이 햇살의 눈으로 그것들을 읽는다

저 꽃들이 없었다면
나는 그 노래들을
하나도 알아채지 못했으리라

배웅

바람이 낙엽을 보내고서 초록빛에 한참을 서 있다
최초의 그곳으로 간다
태초의 그곳으로 간다
나뭇가지 남은 잎들이 푸른 문을 활짝 연다
나뭇가지 앉은 새들이 푸른 하늘을 활짝 연다

한 남자가 한 여자를 보내고서
정류장에 한참을 서 있다
애초의 그곳으로 간다
처음의 그 자리로 간다

생애의 모든 성분이 녹아 있는 그곳,
소리도, 풍경도, 맛도, 냄새도
영원조차 그친 그 자리

오감의 수증기들이 하늘에 올라
눈과 비를 뿌리리라
영원한 것들이 없는 영원한 그곳,
남은 세월이 다시 웃는다

화암사 花岩寺
 - 꽃바위에 앉은 바람

함초롬히 이슬 머금은 꽃바위에
대둔산 바람 한떨기 사뿐 내려 앉았습니다
어여쁜 가락이 나긋나긋 날고
사위는 곱단 향기로 가득 피어 올랐습니다

꽃바위에 앉은 바람의 아리따운 율동에
꽃바위도 개울물도 어린아이처럼 흥겨워
졸졸 노래를 부르며 즐거웠습니다
삼신할매께서 영원의 은하수를 길어다
별빛 비를 반짝반짝 뿌리며 축복했습니다

목숨의 황홀한 절정에서 시간의 눈을 떴을 때
바람과 물의 한가운데에
영원의 꽃 한 송이 피어났습니다

1997.5.

가을의 명당

한밤중 폐가에 들어 명상하던 이가 있었다

날아오르는 용도 떨어진다는 흉지에 묘를 쓴 이가 있다

세상의 볕이 들지 않는 곳이 어디엔가 있다

벌레들은 그곳을 안다

산 너머 산

별이 돋는 어스름 밤에
오작교 희미한 창가에 서서
먼 데 산을 바라보며
그대 한숨처럼 노래했네

저 불빛들 너머에 산
그 너머에 또 산
그 너머에 다시 산
그 너머에 또 다시 산

그대 한숨지며 노래했네
별이 빛나는 오작교에서
노을 감기 끝난 깊은 밤에
희미한 창가에 서서 그대

정점, 그 자리

벌레 한 마리 길을 간다, 앞을 향해 간다
장애물을 만나자 더듬거리다 옆으로 돌아간다
돌아가는 길에 또 장애물을 마주치자
다시 돌아간다, 한마디 투덜거리지 않는다
그렇게 온몸으로 두어서넛 번을 돌아버리자
이젠 왔던 그 길이 앞으로 가는 길이 되었다
되돌아가는 그 길이 나아가는 길이 되었다
그래도 한번을 궁시렁거리지 않는다

벌레 한 마리 가는 그 길,
왔던 길 되살펴가니 처음에 찾던 그 길이었다
언덕 너머 파랑새 날고 아지랑이 피어오르는
애초에 찾던 그 길이었다

인생 수능

누구나 정답을 갖고 있다
자기만의 정답을 품고 있다

빛나고 어두움, 양지와 그늘을 공식으로 풀지 말 일
우주에 한 점으로 사는 것은 다 한 바탕
세월에, 시공에 나타나는 것은 다 한 세상
영원의 계절은 둥글어 늘 그 자리다

누구나 정답이다

강에 살아도
바다에 살아도
산에 살아도
공중에 살아도

살아 있는 것들은 다 정답이다

생선에 살아도
배추에 살아도
의자에 살아도

바퀴에 살아도

살아 있던 것들은 모두 모범답안이었다

길 위에서 지워지다

아무도 그를 보았다는 이는 없다

하얀 길 위에
먼 길을 떠났다는 소문만 무성할 뿐

누구도 그의 소식을 들었다는 이는 없다

아득히…… 멀어지는 것들
아득히…… 사라지는 것들

하늘에서 송이송이 처음의 것들이 내린다
허구헌 날들이 깜짝 놀라 불을 켜는 저녁

세상의 헛것들이 하늘하늘 하늘에서 온다

2018.12.15.

해설

자연自然과 영원永遠에 바치는 헌사獻辭

시인 정찬교

解說

자연自然과 영원永遠에
바치는 헌사獻辭

정 찬 교 (詩人)

1

 무릇 모든 생명은 자연(自然)으로부터 와서 끝내는 영원(永遠)으로 돌아가는 존재가 아니던가? 나이가 들어 부모(父母)를 떠나보내는 것 또한 자연의 섭리(攝理)라고 할지라도 '다시는 작별하는 운명으로 오지 않기를' 바랄 만큼 애절하고 슬픈 일이다.

 인간으로서 천륜(天倫)의 정(情)을 잊지 않는 것은 자식으로서 당연한 도리이지만 이렇듯 한 권의 시집(詩集)으로 부모에 대한 그리운 정을 온전히 담아내는 일이 어디 쉬운 일인가? 시(詩)를 읽으며 김 시인의 따뜻한 효심(孝心)에 새삼 고개가 숙여진다.

2

'오늘은 끓일 저녁 끼니가 없구나'
어머니는 냉수 사발에 당원 몇 알을 으깨 풀어 주셨다
'빨리 커서 돈 벌어라'
뽀얗고 달달한 냉수 한 사발을 저녁상에 올려 주셨다
'이렇게 맨날 굶기면서 언제 커요'

(어머니-25 2연)

 문예사상가 '게오르그 루카치'는 불행한 시대와 불우한 개인의 전기적 생애가 미학의 형식을 불러들인다고 했다. 드물게 유복한 자도 있었겠지만 1950년대와 1960대 초를 유년 시절로 보낸 이들의 삶은 죽사발이 지겹고 때로는 당원물 한 사발이 저녁밥을 대신하기도 했다. 가난은 생존을 위협했지만 극복할 수 없는 대상은 아니었기에 그 시절을 그렇게 버텨냈던 것이다. 그렇다고 찢어지게 가난했던 삶에는 온통 새카만 절망만 실재했던 것은 아니다. 산업화 이후 물질적 풍요가 넘치는 사회에서는 얻을 수 없는 것들도 있었으니 그중 엄마교(敎)의 사랑이 한 예가 될 것이다.

 나는 종교가 아직이지만은
 만약에 엄마교 있다면

광신도가 되리라

아침마다 푸른 목소리로 매달려
엄마 엄마 젖을 빨 것이다

저녁마다 아기가 되어
엄마 젖무덤에 잠들며
참말로 신을 만나는 것이다

(어머니-11 전문)

　엄마교(敎)의 교주는 당연히 엄마요, 신(神)도 엄마인 것이다. 어느 어미가 제 새끼를 미워하겠는가마는 여자라고 다 엄마교(敎)의 교주나 신(神)이 될 수는 없다. 일테면 탐욕에 찌든 복부인 스타일의 여인은 어림도 없다. 가방끈이 길어도 눈매가 매섭고 표독스러운 여인이거나, 돈 걱정 안하고 사는 여인도 어렵다 보고, 복 받으라고 열 살 수수떡은 안 빚어주고 제 자식 성적 탓만 하는 여인 등등은 아예 엄마교(敎) 근처에도 얼씬거릴 수 없다.
　엄마교의 신(神)은 오로지 '눈물로 빚어진 이름'이어야 한다. 엄마교(敎)는 복음을 전제로 금품을 갈취하지 않는다. 신(神)의 뜻을 빙자하여 불의를 편드는 반역사적 행위 따위도 하지 않는다. 모든 종교가 다 사랑을 말하지만, 엄마교(敎) 사랑의 순도(純度)에는 못 미친다. 비록 가난했지만 한 줌의 햇살도 허투루 쓰지 않았던 삶을 살았던 엄마, '구운 가자미처럼 살은 다 주고 뼈만 남아 참빗이 되어'도 행복한 여인만이 엄마교(敎)의 신(神)이 되고 교주(敎主)가 되는 것이다. 시인(詩人)이 왜 엄마교의 광신도가 되겠다고 했는지 알 것도 같다.

3

청산의 구름은 아버지다

들녘의 바람은 아버지다

뿌리의 흙은 아버지다

물속에 구름은 나다

잎새의 바람이 나다

빗방울의 흙이 나다

(아버지-8 전문)

'장 폴 사르트르'는 두 살 때 아버지란 존재가 일찍 사라짐으로써 더 큰 자유를 얻을 수 있었다고 했지만 사르트르의 정신세계에서도 아버지의 부재(不在)는 분명 결함이었을 것이다. 개인주의적 문화가 두드러진 서구 세계와 유교문화가 지배했던 우리와는 다른 부분이 있다고 할지라도 인간의 생물학적 근원은 아비가 아닌가? 서양인, 동양인을 불문하고 인간이라면 '자신은 어디로부터 왔는가'라는 근원적 물음을 거부할 수는 없는 것이다. '청산의 구름', '들녘의 바람', '뿌리의 흙'은 영원(永遠)의 세계요, 그로부터 비롯된 '물속의 구름', '잎새의 바람'. '빗방울의 흙'은 영원으로부터 현현(顯現)된 '나'인 것이다. 대칭적 구도가 시(詩)의 품격을 살린 수작(秀作)이다.

4

시인(詩人)의 목숨이 다하는 순간까지 시인에게 있어 어머니, 아버지는 내내 살아계신다.

시(詩) 두 편을 보자.

> 시장통에서 5,000원에 네 마리를 주는 가자미를 사 왔다
> 끓일까 조릴까 하다 소금 뿌려 구웠다

가자미 살을 발라 탁배기 안주로 게슴츠레 먹었다
또 다시 세상은 석양에 빗겨 취하고

가자미는 뼈만 남아 옛날 엄마 참빗이 되었다
빗살도 고운 엄마 참 빛이 되었다

무엇을 곱게 빗으라는 걸까 뼈들은
무엇을 잘 빗으라는 걸까 뼈들은

좌로 우로 가지런히 날 선 뼈들의 빛이
햇살 같기도, 엄마 같기도 하다

                                    (어머니-4 전문)

  시인에게 엄마는 아직 이승에 실재하는 존재다. 밥을 먹으면서도 뼈만 남은 가자미의 모습에서 엄마의 고운 참빗을 보고 있다.

아침 하늘에 떠 있는 한 점 구름에 계시나요

작은 솔가지를 흔드는 저 바람에 계시나요

저물어 가는 하늘 멀리 반짝이는 저 별에 계시나요

어제는 동네 약국에서 긴 줄을 섰다가 아버지 신분증
복지카드로
　　공적 마스크 kf94 두 장을 샀습니다
　　조마조마 두근거리며 샀습니다

　　아버지 살아계셨군요
　　내 살과 뼈들의 호흡에 살아 계시는군요
(아버지-26 전문)

　버리지 못한 아버지 신분증 복지카드로 마스크 두 장을 사면서 이미 이 세상 사람이 아닌 아버지를 살아 계신 아버지로 믿고 싶어하는 시인(詩人)의 마음이 서럽고 눈물겹다.

　인간은 관계적 존재다. 혈육(血肉), 천륜(天倫), 형제(兄弟), 자매(姉妹) 이런 단어들은 다 피(血)로 맺어진 관계적 의미에서 생겨난 말이다. 인간이 하늘에서 떨어졌거나 땅에서 솟아난 존재가 아닐진대 영원(永遠)의 문을 두드리고 이승을 떠나기 전까지는 잊을래야 잊지를 못하고, 잊고 싶어도 잊히지 않는 것이 아니겠는가?

5

고무줄 새총에서 떠난
나의 작고 고운 유년의 돌은
우주로 날아가 별이 되었다

(돌 - 2연)

김생수 시인의 시(詩) '돌' 2연의 구절이다. 이 시집에서는 고향의 아름다운 정서를 담아낸 구절들이 많다. 시적 리얼리티가 고스란히 살아나는 부분들이다.

뱀딸기 불긋불긋 지천으로 피어있는 논둑길

(어머니-1)

메기수염 같은 개울

(어머니-15)

잉걸불로 화로에 핀 겨울꽃

(어머니-16)

햇빛 강에 달빛 바다

(어머니-24)

새벽 창문에 매달려 우는 가랑잎

(어머니-26)

죽도록 말이 없는 천년오동

(어머니-41)

매화 핀 창가에 주황색 빨랫줄

(아버지-12)

호롱불 켜 들고 떡갈나무 잎새로 온 달

(아버지-14)

아장아장 따라오던 송아지의 즐거운 나날

(아버지-27)

고향이란 단순히 자신이 태어난 공간인 동시에 그리움의 중심에 있는 공간이다. '바슐라르'는 고향으로의 회귀를 물질화의 이미지를 통해서 이르러 간다고 했다. 이것은 고향의 강과 들녘 그리고 전설처럼 마을 한복판에 서 있는 느티나무의 물질화된 상상력을 이름이다. 이러한 물질화의 이미지를 통해서 이르러 간 고향 마을에는 고향집이 있고, 그 집에는 '어머니'가 있고, '아버지의 기침소리'가 있다.

결국 고향을 그리워하고 잊지 못하는 것은 '나' 자신을 이 세상에 태어나게 한 생명의 출발점으로 돌아간다는 뜻이다. 고향의 산과 강, 푸른 숲과 하찮은 풀꽃, 그 어느 것 하나 소중하지 않은 것이 없다. 고향의 이 모든 것들이 노래가 되고 그 정감이 또한 우리들의 가슴을 적셔주는 것이다.

6

 김 시인(詩人)은 시집에서 어머니는 자연(自然)이요, 아버지는 영원(永遠)이라고 했다. 자연(自然)은 그 아름다운 자신의 속성으로 우리에게 말을 걸고, 영원(永遠)은 무한한 포용성으로 우리를 마지막까지 거두는 것이다. 따라서 이 시집(詩集)은 자연(自然)과 영원(永遠)에 바치는 헌사(獻辭)가 아닐 수 없다.

 '강력한 감정의 유로(流露)는 순수하다'는 낭만주의 모토(motto)를 줄곧 실천한 김생수 시인(詩人), 시(詩)와 더불어 호형호제(呼兄呼弟)한 30년의 세월에 쌓인 정(情)만큼이나 추억도 무겁다. 시(詩)를 버리고는 살 수 없다는 숙명을 가슴에 안고 빛나는 시(詩), 더욱 많이 쓰기를 축원(祝願)해 마지않는다.